Heidi

하이디

하이디

First edition: October 2009

TEL (02)2000-0515 | FAX (02)2271-0172
ISBN 978-89-17-23763-4

YBM Reading Library 는 ...

쉬운 영어로 문학 작품을 즐기면서 영어 실력을 크게 향상시킬 수 있도록 개발된 독해력 완성 프로젝트입니다. 전 세계 어린이와 청소년들에게 재미와 감동을 주는 세계의 명작을 이제 영어로 읽으세요. 원작에 보다 가까이 다가가는 재미와 명작의 깊이를 느낄 수 있을 거예요.

350 단어에서 1800 단어까지 6단계로 나누어져 있어 초·중·고 어느 수준에서나 자신이 좋아하는 스토리를 골라 읽을 수 있고, 눈에 쉽게 들어오는 기본 문장을 바탕으로 활용도가 높고 세련된 영어 표현을 구사하기 때문에 쉽게 읽으면서 영어의 맛을 느낄 수 있습니다. 상세한 해설과 흥미로운 학습 정보, 퀴즈 등이 곳곳에 숨어 있어 학습 효과를 더욱 높일 수 있습니다.

이야기의 분위기를 멋지게 재현해 주는 삽화를 보면서 재미있는 이야기를 읽고, 전문 성우들의 박진감 있는 연기로 스토리를 반복해서 듣다 보면 리스닝 실력까지 크게 향상됩니다.

세계의 명작을 읽는 재미와 영어 실력 완성의 기쁨을 마음껏 맛보고 싶다면, YBM Reading Library와 함께 지금 출발하세요!

YBM Reading Library

책을 읽기 전에 가볍게 워밍업을 한 다음, 재미있게 스토리를 읽고, 다 읽고 난 후 주요 구문과 리스닝까지 꼭꼭 다지는 3단계 리딩 전략! YBM Reading Library, 이렇게 활용하세요.

Before the Story

Words in the Story
스토리에 들어가기 전,
주요 단어를 맛보며 이야기의
분위기를 느껴 보세요~

In the Story

★ 스토리
재미있는 스토리를 읽어요. 잘 모른다고
멈추지 마세요. 한 페이지, 또는 한 chapter를
끝까지 읽으면서 흐름을 파악하세요.

★★ 단어 및 구문 설명
어려운 단어나 문장을 마주쳤을 때,
그 뜻이 알고 싶다면 여기를 보세요.
나중에 꼭 외우는 것은 기본이죠.

"Well, Heidi, you will stay with us,"
said Ms. Rotenmeier.
"Thank you for coming, Heidi," said Clara. ¹
"I hope we will become good friends."
At the dinner table, Heidi saw fresh bread and thought
of Grannie.
Grannie loved to eat soft white bread.
"Can I have the bread, Sebastian?" asked Heidi.
Sebastian, a servant, said she could have it.
But Ms. Rotenmeier was angry.
★ She said Heidi should never speak to a servant
during meals.
Ms. Rottenmeier talked to Heidi about table
manners for a long time.
But Heidi fell asleep because she was tired from the
long trip. ²

★★
☐ stay with ~와 머무르다 ☐ table manner 식사 예절
☐ fresh 신선한, 갓 구운 ☐ for a long time 오랫동안
☐ servant 하인, 부하 ☐ fall asleep 잠이 들다
☐ speak to ~에게 말하다 ☐ long trip 장거리 여행

1 thank + 목적어(A) + for + ...ing(B) A에게 B에 대해 고마워하다
Thank you for coming, Heidi. 하이디, 네가 와줘서 고마워.

36 • Heidi

★★★ 돌발 퀴즈
스토리를 잘 파악하고
있는지 궁금하면 돌발 퀴즈로
잠깐 확인해 보세요.

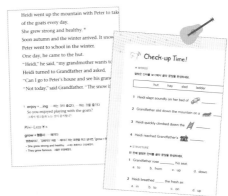

Heidi went up the mountain with Peter to tak[...]
of the goats every day.
She grew strong and healthy. *
Soon autumn and the winter arrived. It snow[...]
Peter went to school in the winter.
One day, he came to the hut.
"Heidi," he said, "my grandmother wants t[...]
Heidi turned to Grandfather and asked,
"Can I go to Peter's house and see his gran[...]
"Not today," said Grandfather. "The snow i[...]

1 enjoy + ...ing ...하는 것이 즐겁다, ...하는 것을 즐기다
   So you enjoyed playing with the goats?
   그래서 넌 염소들과 노는 것이 즐거웠니?

Mini-Less ★ n

grow + 형용사 ...해지다
   현재에서는 '강해지나'처럼 ...해지다 라는 의미로 쓰고 일반적, 'grow + 형용사'로
   - She grew strong and healthy. ...하는 튼튼하고 건강해진다.
   - They grew famous. 그들은 유명해진다.

Mini-Lesson
너무나 중요해서 그냥 지나칠 수 없는
알짜 구문은 별도로 깊이 있게 배워요.

Check-up Time!
한 chapter를 다 읽은 후 어휘, 구문,
summary까지 확실하게 다져요.

Focus on Background
작품 뒤에 숨겨져 있는 흥미로운 이야기를
읽으세요. 상식까지 풍부해집니다.

★ ★ ★ ② 하이디가 로텐마이어 부인에게 혼난 이유는?
   a. 식사 중 하인에게 말을 해서
   b. 식탁에서 잠이 들어서
   c. 음식을 남겨서

2 be tired from ...로 인해 [때문에] 피곤하다
   But Heidi fell asleep because she was tired from the long trip.
   하지만 하이디는 장거리 여행으로 인해 피곤한 나머지 잠들어 버렸다.

After the Story

Reading X-File 이야기 속에 등장했던
주요 구문을 재미있는 설명과 함께 다시 한번~

Listening X-File 영어 발음과 리스닝 실력을 함께
다져 주는 중요한 발음법칙을 살펴봐요.

MP3 Files
www.ybmbooksam.com에서 다운로드 하세요!

YBM Reading Library

이제 아름다운 이야기가 시작됩니다

Heidi

– Before the Story

– In the Story

Johanna Spyri (1827~1901)

요한나 슈피리는 …

스위스 취리히(Zurich) 부근 히르첼(Hirzel)에서 태어나 알프스의 아름다운 작은 마을에서 평화로운 유년 시절을 보냈다.

1852년 법률가와 결혼 후, 취리히로 옮겨와 살면서 도시 생활의 삭막함으로 괴로워하다 집필 활동을 시작하게 된 슈피리는 초기에는 주로 성인들을 위한 글을 썼으나, 1878년에 〈실향 (Heimatlos)〉이라는 모음집에 아동들을 위한 글을 발표하면서 아동문학에 전념하기 시작했다. 그 후 20편 이상의 소설을 발표하며 왕성한 창작 활동을 벌이던 그녀는 보불전쟁(1870~1871)으로 인한 난민을 돕는 기금 조성을 위해 〈하이디〉를 집필하기 시작했다. 이 작품은 〈하이디의 어린 날의 경험 (Heidi's Early Experiences)〉과 〈하이디의 그 후의 경험 (Heidi's Further Experiences)〉으로 각각 출판되었으나, 후에 〈하이디 (Heidi)〉라는 제목으로 한 권으로 묶어서 출판되었다.

평소 어려운 사람들을 위해 자선단체에 많은 돈을 기부했을 만큼 인간에 대한 애정이 깊었던 작가는 특유의 따뜻한 감성이 잘 살아있는 대표작 〈하이디〉로 아동문학의 대가라는 평가를 받고 있다.

Heidi

하이디는 …

따뜻한 마음으로 주위 사람들에게 사랑과 희망을 전하는 한 어린 소녀의 이야기이다.

태어나자마자 부모를 잃은 하이디는 여섯 살 때 이모의 손에 이끌려 알프스에서 혼자 살고 있던 할아버지의 집으로 가게 된다. 무뚝뚝해 보이지만 따뜻한 마음을 가진 할아버지와 양치기 소년 페터, 그리고 페터의 할머니를 만나 따뜻한 사랑을 받으며 즐겁게 살아간다. 하지만 하이디는 다시 이모를 따라 병약해 걷지 못하는 부잣집 딸 클라라의 말동무가 되기 위해 프랑크푸르트로 가게 된다. 하이디와 지내며 클라라는 행복해 하지만, 하이디는 고향을 너무 그리워한 나머지 향수병과 몽유병에 걸리고 만다.

결국 하이디는 알프스의 할아버지 집으로 돌아와 예전의 생활을 되찾는다. 그 후 클라라가 하이디를 찾아오고 알프스의 아름다운 자연과 하이디와 할아버지의 정성으로 다시 걷게 되면서 이야기는 끝을 맺는다.

알프스의 때문지 않은 자연을 배경으로 펼쳐지는 맑고 순수한 하이디와 주변 인물들의 가슴 훈훈한 이야기는 독자들에게 순수한 동심을 일깨워준다.

People in the Story

Grandfather
하이디의 할아버지. 완고한 노인이
었지만 하이디를 만나 마음을 열고
세상과 다시 교류하게 된다.

Peter
알프스의 양치기 소년. 마음이
순수한 소년으로 하이디와
아름다운 우정을 나눈다.

Heidi
사랑스러운 알프스 소녀.
어렸을 때 부모를 여의고
이모 손에 자랐지만 따뜻한
마음씨로 주변 사람들을
긍정적으로 변화시킨다.

Mr. Sesemann
성공한 사업가인 클라라의 아버지.
하이디의 도움으로 클라라가 걷게
되자 할아버지에게 하이디를 돌봐
주겠다고 약속한다.

Ms. Rottenmeier
클라라를 돌보는 제제만 씨 집 가정부.
클라라에게 하이디가 어울리지 않는다는
생각에 하이디를 못마땅해 한다.

Clara
부잣집 외동딸. 병약해 걷지 못하고
휠체어에 의지해 집에만 있었지만
하이디와 함께 지내며 밝게 변한다.

Words in the Story

the Alps 알프스 (산맥)

mountain top 산꼭대기

hut 오두막집

mountain 산

hayloft 건초 다락방
hay bed 짚으로 만든 침대

ladder 사다리

chair 의자

goat 염소

grandfather 할아버지
smoke a pipe
파이프 담배를 피우다

whistle 휘파람을 불다

shepherd 목동

pasture 목초지

colorful flowers
색색의 꽃들

Frankfurt 프랑크푸르트

church keeper 교회지기

church tower 교회탑

buildings 건물들

housekeeper 가정부
look after …을 돌보다

homesick 향수병에 걸린

servant 하인

kitten 고양이

basket 바구니

sit in a wheelchair 휠체어에 앉다

dinner table 저녁식탁

a Beautiful Invitation
– YBM Reading Library

Heidi

Johanna Spyri

Heidi Meets Grandfather
하이디, 할아버지를 만나다

One beautiful morning in June, a woman was
walking up a mountain in the Alps.
Her name was Dete.
A sweet-looking, six-year-old girl held Dete's hand.
She was very hot and her little cheeks were red.
She was breathing heavily behind Dete.
Her name was Heidi. As Heidi and Dete hurried to
the mountain, they met a woman from the village.
"Dete, is this the girl your sister left when she
died?" asked the woman. "Where are you going?"
"Yes, this is my sister's child. I'm taking her to her
grandfather. I'm starting a job in Frankfurt,"
said Dete. "I can't take care of her anymore."
"Poor Heidi," said the woman.
"Everyone in the village is afraid of that grumpy old
man."

□ walk up 걸어 올라가다
□ sweet-looking 사랑스러운
□ cheek 볼, 뺨
□ breathe heavily 가쁜 숨을 쉬다

□ hurry to …로 서둘러 가다
□ village 마을
□ take A to B A를 B에게 데려가다
□ grumpy 성미가 까다로운, 심술궂은

Heidi and Dete walked for an hour. They reached
Grandfather's hut near the mountain top.
The old man was sitting on a chair, smoking a pipe.
"Hello, Uncle," said Dete.
The old man was surprised. "Who is this little girl?"
"This is your granddaughter, Heidi," said Dete.
"My mother and I have been taking care of her [1]
all this time. Now she will live with you."

□ reach …에 도착하다
□ hut 오두막집, 산장
□ smoke a pipe 파이프 담배를 피우다

□ rise from …에서 일어나다
□ say goodbye to …에게 작별인사를
하다

"No, she will not!" said the old man.

"I can't take care of a little girl!"

"You have to," said Dete.

"I have a new job in Frankfurt. She can't come with me."

Grandfather rose from his seat.

"Go away," he shouted. "And don't come back."

Dete said goodbye* to Heidi and went down the mountain.

신이 늘 당신과 함께 하기를 뜻하는
God be with you!의 약어랍니다.

---

1 **take care of** …을 돌보다, 보살피다
My mother and I have been taking care of her all this time.
엄마와 내가 이제껏 하이디를 돌봐왔어요.

Heidi went inside and looked around the house.

"Where can I sleep?" she asked.

"Wherever you like," said the old man. [1]

Heidi saw a ladder near Grandfather's bed.

She climbed up to the hayloft.

The hay smelled sweet and fresh.

She looked through the window at the valley far below.

"I'll sleep up here, Grandfather," she called.

"It's lovely!"

"Come downstairs," said Grandfather.

"It's time for dinner. I will arrange your bed later." ☀

Heidi quickly climbed down the ladder.

Grandfather gave her a bowl of creamy milk and
some toasted bread and cheese.

Heidi drank milk and ate all of it.

"Was it good?" asked Grandfather.

"I have never tasted anything so good before,"
answered Heidi.

That night, Heidi slept soundly on her bed of hay.

□ ladder 사다리
□ climb up to ···로 올라가다
□ hayloft 건초를 두는 곳
□ look through ···을 통해서 보다
□ valley 골짜기, 계곡

□ far below 저 아래, 저 멀리
□ a bowl of 한 사발의
□ creamy 크림 같은, 부드러운
□ sleep soundly 푹 자다
□ hay 건초, 말린 풀

1 **wherever + 주어 + 동사** … 가 ∼하는 곳은 어디든지
  Wherever you like. 네가 좋아하는 곳이면 어디든지.

Mini-Less✺n

It is time for … : 이제 …할 시간이다

'이제 …할 시간이다'는 「It is time + for + 명사」로 쓰면 된답니다.

• It's time for dinner. 이제 저녁 먹을 시간이다.
• It's time for bed. 이제 잠잘 시간이다.

Early next morning, she woke to the sound
of a loud whistle. She dressed quickly and climbed
down the ladder. A boy was standing outside the
door with a flock of goats.

"This is Peter, the goat boy," said Grandfather.

"Will you go up the mountain with him?"

"Yes," said Heidi.

□ wake to the sound of
　　…의 소리에 깨다, 일어나다
□ whistle 휘파람
□ dress 옷을 입다
□ a flock of 한 무리의 (가축)

□ joyfully 신나게, 즐겁게
□ pasture 목초지, 초원
□ graze 풀을 뜯다, 방목하다
□ breathe in …을 들이마시다
□ chase …을 쫓다

"Come on," said Peter.

Heidi started joyfully for the mountain.

The sky was blue and the sun shone brightly.

Flowers grew everywhere. When they reached the
mountain pasture, the goats grazed.

Heidi breathed in the golden sunlight, the fresh air
and the sweet smell of the flowers.

Heidi picked colorful flowers and chased the goats.

She felt very happy, and wished she would stay
here forever.

□ every day 매일
□ autumn 가을
□ snow 눈이 내리다
□ turn to …쪽으로 몸을 돌리다
□ deep 깊은, 두꺼운

That night Heidi told Grandfather about the things she had seen.

"So you enjoyed playing with the goats?" he said. [1]

"Yes," said Heidi.

"I really liked the goats. I had a very good time."

Heidi went up the mountain with Peter to take care of the goats every day.

She grew strong and healthy. ☀

Soon autumn and the winter arrived. It snowed a lot.

Peter went to school in the winter.

One day, he came to the hut.

"Heidi," he said, "my grandmother wants to see you."

Heidi turned to Grandfather and asked,

"Can I go to Peter's house and see his grandmother?"

"Not today," said Grandfather. "The snow is too deep."

---

1 **enjoy + ...ing** ···하는 것이 즐겁다, ···하는 것을 즐기다
So you enjoyed playing with the goats?
그래서 염소들과 노는 것이 즐거웠니?

Mini-Less☀n

grow + 형용사: ···해지다

'튼튼해지다', '강해지다' 처럼 '···해지다' 라는 표현을 하고 싶다면, 「grow + 형용사」를 쓰면 됩니다.

• She grew strong and healthy. 그녀는 튼튼하고 건강해졌다.
• They grew famous. 그들은 유명해졌다.

A few days later, the snow finally stopped.
Grandfather said she could go out.
Heidi and Grandfather slid down the
mountain on a sled.
They stopped in front of Peter's
small hut and went inside.
An old woman was sewing.

☐ finally 마침내
☐ go out (밖으로) 나가다, 외출하다
☐ slide down 아래로 (미끄러져) 내려가다
　(slide-slid-slid)
☐ on a sled 썰매를 타고
☐ in front of …의 앞에
☐ sew 바느질을 하다, 깁다
☐ blind 눈이 안 보이는, 눈 먼
☐ fix 고치다, 수리하다

"Hello, Grannie," said Heidi. 보통 할머니를 부를 때는 Grandmother를 쓰지만, 좀 더 친숙하게 부를 때는 Grannie를 써요.

Grannie smiled and held Heidi's hand. [1]

She was blind. Heidi saw that she had many books.

"Does Peter read to you?" asked Heidi.

"Oh, no," said Grandmother.

"Peter goes to school, but he cannot read."

"How sad," said Heidi.

Heidi spent a lot of time with Grandmother in the winter. Sometimes Grandfather came and fixed the house.

? 하이디와 할아버지가 썰매를 타고 간 곳은?

a. school
b. Peter's hut
c. Grandfather's house

1 **hold one's hand** …의 손을 잡다
Grannie smiled and held Heidi's hand.
할머니는 웃으면서 하이디의 손을 잡았다.

Check-up Time!

● WORDS

알맞은 단어를 보기에서 골라 문장을 완성하세요.

| hut | hay | sled | ladder |

1 Heidi slept soundly on her bed of _____.

2 Grandfather slid down the mountain on a _____.

3 Heidi quickly climbed down the _____.

4 Heidi reached Grandfather's _____.

● STRUCTURE

빈 칸에 알맞은 단어를 골라 문장을 완성하세요.

1 Grandfather rose _____ his seat.

    a. to   b. from   c. up   d. down

2 Heidi breathed _____ the fresh air.

    a. in   b. to   c. on   d. up

ANSWERS

본문의 내용과 일치하면 T, 일치하지 않으면 F에 표시하세요.

1 Heidi's grandfather lived in the village. ☐T ☐F

2 Heidi played with Peter in the mountain. ☐T ☐F

3 Peter's grandmother wanted to see Heidi. ☐T ☐F

4 Peter sometimes read to his grandmother. ☐T ☐F

● SUMMARY

빈 칸에 맞는 말을 보기에서 골라 넣어 이야기를 완성하세요.

Heidi was a (   ) little girl. Heidi's parents died when she was very young. She went to the Alps to live with her grandfather. Heidi (   ) her life in the mountain. Heidi grew (   ) and healthy. Also she met Peter, the (   ), and his grandmother.

a. enjoyed

b. sweet-looking

c. goat boy

d. strong

Heidi Goes to Frankfurt

하이디, 프랑크푸르트에 가다

A year passed and Heidi's second winter was
almost over.

One day, the village pastor came to visit Grandfather.

"I think it is time for Heidi to go to school,"
said the pastor.

"No," said Grandfather. "Heidi will grow up and be
happy among the goats and birds. She is safe here."

"She cannot read or write," said the pastor.

"She must learn."

"Send Heidi down the mountain to school in the
snow?" asked Grandfather. "I will not."

"Then move down to the village for the winter," [1]
said the pastor.

"No," said Grandfather firmly.

"I cannot live in the village."

He didn't change his mind. [2]

□ **pass** 지나가다
□ **almost** 거의
□ **pastor** 목사, 사제

□ **in the snow** 눈을 맞으며,
   눈밭을 헤치며
□ **firmly** 단호하게

❓ 목사가 할아버지를 찾아온 이유는?

  a. 하이디에게 글을 가르치기 위해서
  b. 하이디를 학교에 보내도록 설득하려고
  c. 마을에 내려와서 살게 하려고

1 **move down to...** ···로 이사를 내려가다, 옮겨가다
Then move down to the village for the winter.
그러면 겨울만이라도 아래 마을로 이사를 가세요.

2 **change one's mind** ···의 마음〔생각〕을 바꾸다
He didn't change his mind.
그는 마음을 바꾸지 않았다.

The next day, Dete came to Grandfather's house again.

She wore a smart hat and a new dress.

"I found a wonderful place for Heidi in Frankfurt,"
she said.

"A little girl called Clara wants a friend.

She is ill and cannot walk."

"Heidi is happy here. She has everything she
needs," said Grandfather.

"This is a good chance for Heidi to live among [1]
wealthy people," said Dete. "Also she can go to school."

"Take her then!" said Grandfather angrily.

"Go away and never come back."

And he walked out of the hut.

"You made Grandfather angry," said Heidi.

"I don't want to come with you."

"If you don't like Frankfurt, you can come back
anytime," said Dete. "Frankfurt is not that far."

☐ wear 입다 (wear-wore-worn)
☐ smart 유행하는, 세련된
☐ wealthy 부유한, 부자의
☐ angrily 화를 내며, 화가 나서
☐ go away 가버리다, 사라지다
☐ anytime 언제든지

1 **a good chance for A to + 동사원형** A가 …할 수 있는 좋은 기회
This is a good chance for Heidi to live among wealthy people.
하이디가 부유한 사람들 가운데서 살 수 있는 좋은 기회에요.

Heidi and Dete arrived at a large house in Frankfurt.

Mr. Sesemann owned the house, but he was on his

business trip. [1]

His wife had died a few years ago. ☀

□ arrive at …에 도착하다
□ own 소유하다, 갖다
□ housekeeper 가정부, 하인
□ look after …을 돌보다, 보살피다

□ sit in …에 앉다 (sit-sat-sat)
□ wheelchair 휠체어
□ take A back to B A를 B로 다시
  데려가다

Ms. Rottenmeier, the housekeeper, looked after
Mr. Sessemann and his daughter Clara.

Clara sat in a wheelchair.

She smiled when Heidi came in the room.

Ms. Rottenmeier looked at Heidi and asked,

"How old are you?"

"I am eight," said Heidi.

"You are too young," said Ms. Rottenmeier.

"Clara is twelve. Can you read and write?"

"No," said Heidi.

"You are not the girl we want," said Ms. Rottenmeier.

"Dete, you must take her back to her home."

"Please give her a chance," said Dete.

"I will come back later and find out how she is
doing here." And she left.

---

1 **be on one's business trip** 출장 중이다
   But he was on his business trip. 하지만 그는 출장 중이었다.

Mini-Less☼n

과거보다 더 이전의 과거 : had + 과거분사형 동사
과거를 기준으로 해서 그보다 더 전에 일어난 일을 설명하고 싶을 때에는
「had + 과거분사형 동사」를 쓰면 된답니다.

• Mr. Sessemann owned the house. His wife had died a few years ago.
  제제만 씨가 저택의 주인이었다. 그의 아내는 몇 년 전에 죽었다.

"Well, Heidi, you will stay with us,"
said Ms. Rotenmeier.

"Thank you for coming, Heidi," said Clara. [1]

"I hope we will become good friends."

At the dinner table, Heidi saw fresh bread and thought
of Grannie.

Grannie loved to eat soft white bread.

"Can I have the bread, Sebastian?" asked Heidi.

Sebastian, a servant, said she could have it.

But Ms. Rotenmeier was angry.

She said Heidi should never speak to a servant
during meals.

Ms. Rottenmeier talked to Heidi about table
manners for a long time.

But Heidi fell asleep because she was tired from the
long trip. [2]

☐ stay with …와 머무르다
☐ fresh 신선한, 갓 구운
☐ servant 하인, 부하
☐ speak to …에게 말하다

☐ table manner 식사 예절
☐ for a long time 오랫동안
☐ fall asleep 잠이 들다
☐ long trip 장거리 여행

---

1 **thank + 목적어(A) + for + ...ing(B)** A에게 B에 대해 고마워하다
Thank you for coming, Heidi. 하이디, 네가 와줘서 고마워.

❓ 하이디가 로텐마이어 부인에게 혼난 이유는?

　 a. 식사 중 하인에게 말을 해서
　 b. 식탁에서 잠이 들어서
　 c. 음식을 남겨서　　　　　　 정답은 e

2 **be tired from** …로 인해 (때문에) 피곤하다

But Heidi fell asleep because she was tired from the long trip.
하지만 하이디는 장거리 여행으로 인해 피곤한 나머지 잠들어 버렸다.

When Heidi woke up, she didn't know where she was. ☀

She remembered that she was in Frankfurt.

She went to look around the house and entered the

study. Clara was lying on the couch. study는 동사로 '공부하다'는 뜻으로 많이
알고 있지만 명사로 '서재'라는 뜻도 있어요.

She began to ask Heidi questions about her home. [1]

Heidi told her all about her life on the mountain.

Soon, the tutor arrived.

Ms. Rottenmeier told him that Heidi could not read

and write. He said he would teach her.

□ **wake up** 일어나다, 깨어나다
　（wake-woke-woken）
□ **enter** …에 들어가다

□ **lie** 눕다 (lie-lay-lain)
□ **on the couch** 소파에
□ **tutor** 가정교사

---

[1] **begin to + 동사원형** …하기 시작하다
　She began to ask Heidi questions about her home.
　그녀는 하이디에게 그녀의 집에 관해서 질문을 하기 시작했다.

Mini-Less☀n

See p. 94

where + 주어 + be 동사 : …가 어디에 있는지

문장의 동사 뒤에 where가 오고 그 뒤에 주어와 be 동사가 오면, '…가 어디에 있는지'
라는 뜻이 된답니다.

• When Heidi woke up, she didn't know where she was.
　하이디가 일어났을 때, 그녀는 자신이 어디에 있는지 알지 못했다.
• Please tell me where she is. 그녀가 어디에 있는지 말해 주세요.

A few days later, Heidi wanted to look outside.

So she asked Sebastian to open the window.

"I can't see the mountain or the valley!" she said.

"You might see it from the top of the church tower,"

said Sebastian.

Heidi went outside and climbed up the top of

the church tower.

She looked down from the window. [1]

There were no mountains and trees.

□ keeper 관리인, 지키는 사람
□ disappointed 실망한, 낙담한
□ basket 바구니

□ tiny 아주 작은
□ kitten 고양이
□ pick up 집다, 들어올리다

[1] **look down from** …에서 내려다보다
She looked down from the window.
그녀는 창문에서 내려다봤다.

"I can see only buildings," she said sadly.

The church keeper saw Heidi was disappointed.

So he showed her a large basket with tiny kittens inside.

"Oh, the sweet little things!" said Heidi.

"Do you want to have one?" said the old man.

"Yes, can I have two?" asked Heidi.

"One for me and one for Clara."

She picked up two of the kittens

and put one in each pocket.

She went back to Clara's house.

Sebastian opened the door.

"Quickly," he said.

"Go into the dining room.

Ms. Rottenmeier is very angry."

Heidi went into the dining room.

Ms. Rottenmeier scolded Heidi for leaving the house.

Then the kittens began to meow. "Meow! Meow!"

"Stop making that noise," said Ms. Rottenmeier.

"You are very rude. Leave the room."

Heidi stood up.

"Meow! Meow!" cried the kittens.

"Heidi," said Clara, "why do you keep saying meow?"

"It isn't me," said Heidi. "It's the kittens."

"Kittens!" said Ms. Rottenmeier.

"Sebastian! Find them and take them away!" [1]

□ scold A for B A를 B 때문에
  혼내다(꾸짖다)
□ meow (고양이가) 야옹하고 울다
□ make noise 시끄럽게 하다
□ stand up 일어서다
  (stand-stood-stood)

□ rude 무례한, 버릇없는
□ hate 싫어하다
□ keep 갖고 있다
  (keep-kept-kept)
□ make a bed 잠자리를 마련하다
□ somewhere 어느 곳

She ran out of the room. She hated cats.

"Sebastian," said Clara,

"you must help us. We want to keep the kittens."

"I will make a bed for them in a basket,"

said Sebastian.

"And I will put it somewhere safe.

Ms. Rottenmeier will never find the kittens."

1 **take ... away** …을 치우다, 없애다
  Find them and take them away!
  그것들을 찾아서 치워 주세요!

Check-up Time!

● **WORDS**

다음의 단어에 해당되는 뜻을 찾아 연결하세요.

1 wealthy ·   · a. 아주 작은

2 smart ·   · b. 부유한, 부자의

3 tiny ·   · c. 세련된

4 rude ·   · d. 신선한

5 fresh ·   · e. 무례한

● **STRUCTURE**

주어진 동사를 과거형으로 고쳐 쓰세요.

1 Clara _____ on the couch. (lie)

2 Dete _____ a smart hat and a new dress. (wear)

3 When Heidi _____ up, she didn't know
   where she was. (wake)

4 Heidi _____ up and the kittens cried. (stand)

문장의 앞 부분과 뒷 부분을 본문에 나오는 내용을 생각하며 연결하세요.

1 Heidi didn't know   •   • a. never come back.

2 The village pastor came •   • b. to visit Grandfather.

3 Heidi looked down   •   • c. where she was.

4 Go away and   •   • d. from the window.

● SUMMARY

빈 칸에 맞는 말을 보기에서 골라 넣어 이야기를 완성하세요.

One day, Heidi's aunt came to Grandfather's hut. She
tried to (   ) Heidi to Frankfurt. Heidi (   ) want to
go, but (   ) for Frankfurt. In Frankfurt, Heidi met
Clara. Clara was very (   ) Heidi and they became
good friends.

a. kind to

b. take

c. did not

d. left

Heidi Is Homesick

향수병에 걸린 하이디

Mr. Sesemann came home from his business trip.
He went to see Clara in her room and he hugged
his daughter.

□ business trip (사업상의) 출장
□ hug 안다, 껴안다
□ kindly 친절하게, 상냥하게

□ different 다른
□ act 행동하다
□ send ... back ···을 돌려 보내다

Then he held out his hand to Heidi. [1]

"This is Heidi," he said kindly.

"Are you and Clara good friends?"

"Yes, we are very good friends," answered Heidi.

"I am glad to hear it," said Clara's father.

He could see that his daughter loved Heidi.

But Ms. Rottenmeier had a different story.

She said bad things about Heidi.

"Heidi does not act the way she should," she said.

"And she is not a good student.

She only causes trouble here. [2]

We should send her back."

 하이디에 대해 나쁜 이야기를 한 사람은?
  a. Clara's father
  b. Ms. Rottenmeier
  c. Clara

---

1 **hold out one's hand** …의 손을 내밀다
   Then he held out his hand to Heidi.
   그리고 그는 하이디에게 자신의 손을 내밀었다.

2 **cause trouble** 문제를 일으키다, 말썽을 피우다
   She only causes trouble here. 그녀는 여기서 문제만 일으켜요.

Mr. Sesemann went back to Clara's room. [1]

"Tell me about Heidi," he said.

Clara told her father about the kittens and other things.

"But you like Heidi?" said her father.

"I love her. Everything has been much better since she came," said Clara. ☀

Mr. Sesemann went to Ms. Rottenmeier and said Heidi would stay.

Mr. Sesemann left on another business trip a few days later. But his mother, Mrs. Sesemann, came to visit. Clara was very happy to see her.

Mrs. Sesemann was kind to Heidi and told her to call her Grandmamma. [2]

□ tell A about B A에게 B에 대한
　이야기를 하다
□ much better 훨씬 나은
□ another 또 다른

□ later 후에, 나중에
□ come to visit 방문하러 오다
□ be happy to + 동사원형
　…해서 기쁘다

[1] **go back to** …로 돌아가다
Mr. Sesemann went back to Clara's room.
제제만 씨는 클라라의 방으로 돌아갔다.

[2] **call A B** A를 B라고 부르다
Mrs. Sesemann told her to call her Grandmamma.
제제만 부인은 하이디에게 자신을 할머니라고 부르라고 말했다.

See p. 95

Mini-Lesson

have〔has〕+ 과거분사형 동사 + since + 주어 + 과거형 동사

과거의 특정한 시점 이후로 시작된 일이 현재까지 지속되거나 현재까지 영향을 줄 때는,
「have〔has〕+ 과거분사형 동사 + since + 주어 + 과거형 동사」를 쓰면 된답니다.

- Everything has been much better since she came. 그녀가 온 뒤로 모든 것이 훨씬 좋아졌어요.
- I haven't seen him since I came back from Japan. 나는 일본에 다녀온 후로 그를 보지 못했다.

One day, Grandmamma showed Heidi a book with beautiful pictures. Heidi looked at the pictures. She saw a picture of a green mountain pasture with grazing animals. sheep(양) + herder(목동) → shepherd(양치기)가 탄생되었답니다.

A shepherd* was watching his flock. She began to cry.

"Don't cry, dear child," said Grandmamma.

"This picture reminds you of your home. [1]

Can you read the words in the book?"

"No," said Heidi. "I cannot read. It is too hard."

"No, you can do that," said Grandmamma kindly.

"If you learn how to read, I'll give you the book." [2]

Heidi wanted the book.

From that day, she tried hard to read.

☐ show A B A에게 B를 보여주다　　　☐ shepherd 양치기, 목동
☐ pasture 목초지, 초원　　　　　　　☐ flock 무리, 떼
☐ graze (가축이) 풀을 뜯어먹다, 방목하다　☐ how to read 읽는 방법

[1] **remind A of B** A에게 B를 생각나게 하다
This picture reminds you of your home.
이 그림이 너에게 집생각을 나게 했구나.

[2] **If+주어+현재형 동사, 주어+will/may/can+동사원형** 만약 … 한다면, ～할 것이다
If you learn how to read, I'll give you the book.
만약 네가 글 읽는 것을 배운다면, 이 책을 너에게 주마.

After a week, Heidi could read.

Grandmamma gladly gave the book to Heidi.

But Heidi was unhappy.

She loved Clara and Grandmamma, but she
thought about home all the time.

At night she dreamed about Grandfather and the
mountain.

She wanted to play in
the fresh mountain air
with Peter and the
goats.

Every night she
cried herself
to sleep. [1]

She was
very
homesick.

□ gladly 기꺼이, 기쁜 마음으로
□ all the time 항상, 언제나
□ at night 밤에, 밤중에
□ dream about ···에 대한 꿈을 꾸다

□ homesick 향수병의, 고향을 그리워하는
□ pray 기도하다
□ afterward 후에, 나중에
□ for a while 잠시 동안

Grandmamma saw how sad the little girl was.

"Heidi, what is the matter?" she asked one day.

"I cannot tell anyone," said Heidi.

"Then you must pray to God," said Grandmamma.

"Tell Him what is making you sad.

He will make you happy again."

"May I tell Him everything?" said Heidi.

"Yes," said Grandmamma.

That night, Heidi prayed.

She asked God to let her go home to her grandfather. ²

Afterward, she felt happier for a while.

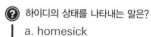

❓ 하이디의 상태를 나타내는 말은?
a. homesick
b. happy
c. excited

정답은 ᵉ

---

¹ **cry oneself to sleep** … 가 울다 잠들다
Every night she cried herself to sleep. 매일 밤 하이디는 울다 잠들었다.

² **let + 목적어(A) + 동사원형(B)** A가 B하게 하다 (허락하다)
She asked God to let her go home to her grandfather.
하이디는 하느님께 할아버지에게 돌아갈 수 있게 해달라고 기도했다.

It was time for Grandmamma to leave the house.

After she left, something mysterious began to happen.

Sebastian locked the front door tight every evening.

But every morning, it was wide open.

A servant told Sebastian he saw a white figure

at night on the stairs.

One night Sebastian stayed awake.

The house was dark. Then he heard a noise.

Sebastian looked at the front door and it was open.

He saw a small figure in white walking up the stairs.

It looked like a ghost.

He told Ms. Rottenmeier there was a ghost in the

house. Ms. Rottenmeier told Clara about the ghost.

Clara became very frightened. [1]

Ms. Rottenmeier wrote to Mr. Sesemann about

the ghost.

☐ mysterious 이상한, 신비로운
☐ lock 잠그다, 닫다
☐ front door 현관문, 대문
☐ tight 꽉, 단단히
☐ wide open 활짝 열린

☐ figure 모습, 형체
☐ stairs 계단, 층계
☐ awake 깨어있는
☐ ghost 유령, 영혼
☐ write to …에게 편지를 쓰다

1 **become frightened** 두려워지다, 겁을 먹다
  Clara became very frightened. 클라라는 매우 두려워졌다.

Two days later Mr. Sesemann came home.

That night, Mr. Sesemann stayed up to watch the door with his friend, Dr. Classen. [1]

After midnight, a small person in white clothes appeared. It was Heidi!

"What are you doing?"

asked Mr. Sesemann surprisingly.

"I don't know," answered Heidi.

Dr. Classen went to her.

He saw that Heidi was still fast asleep. ☀

"She is sleepwalking. I think she is very homesick," said Dr. Classen.

The next morning, Mr. Sesemann decided to send Heidi home.

"Heidi is very sick," said Mr. Sesemann.

- ☐ watch 감시하다, 지키다
- ☐ midnight 자정
- ☐ in white clothes 흰 옷을 입은
- ☐ surprisingly 놀라서
- ☐ still 여전히, 아직도
- ☐ asleep 잠이 든
- ☐ sleepwalking 몽유병(의)
- ☐ right away 즉시, 바로

---

1 **stay up to + 동사원형** …하기 위해 밤을 새다
Mr. Sesemann stayed up to watch the door with his friend, Dr. Classen.
제제만 씨는 친구 클라센 박사와 함께 대문을 지키기 위해 밤을 샜다.

"We should send her home right away."
Clara was very sad, but her father promised Clara
she could visit Heidi soon.
"You are going home today," he said to Heidi.
"I am so happy to return home!" she said.

Mini-Less♦n

See p. 96

시제의 일치

주절의 동사와 주절 뒤에 오는 종속절의 동사는 시제를 일치시켜야 합니다.

- He saw that Heidi was still fast asleep. 그는 하이디가 여전히 잠들어 있는 것을 보았다.
- Her father promised Clara she could visit Heidi soon.
  클라라의 아버지는 클라라가 곧 하이디를 방문할 수 있을 것이라고 약속했다.

Check-up Time!

● WORDS

알맞은 단어를 보기에서 골라 문장을 완성하세요.

front door	shepherd	kittens	pasture

1 A _____ was watching his goat.

2 Sebastian locked the _____.

3 Heidi saw a picture of a green _____.

4 Clara told her father about the _____.

● STRUCTURE

빈 칸에 알맞은 단어를 골라 문장을 완성하세요.

1 This picture reminds you _____ your home.

    a. at   b. to   c. off   d. of

2 Every night she cried herself _____ sleep.

    a. to   b. on   c. by   d. out

본문의 내용과 일치하면 T, 일치하지 않으면 F에 표시하세요.

1 Ms. Rottenmeier told bad things about Heidi. ☐T ☐F

2 Clara's grandmother gave Heidi a picture book. ☐T ☐F

3 Heidi didn't want to go back to her grandfather. ☐T ☐F

4 Clara decided to send Heidi home. ☐T ☐F

● SUMMARY

빈 칸에 맞는 말을 보기에서 골라 넣어 이야기를 완성하세요.

Clara's father came home from his (   ). He saw that Heidi and his daughter Clara became good friends. Clara's father (   ) keep Heidi home. One day, Clara's grandmother came and gave a (   ) to Heidi. Heidi was happy, but she was very (   ). So Clara's father sent Heidi home.

a. homesick

b. picture book

c. business trip

d. decided to

하이디 마을로 떠나요!

Let's go to Heidi Village!

Do you want to meet Heidi? If you go to a small village called Maienfeld, you might see her. Maienfeld is a peaceful small village in eastern Switzerland. It is also the setting for "Heidi."

Johanna Spyri, the author of Heidi, stayed in Maienfeld for a long time and wrote the story. Heidi is one of the most famous and popular stories in the world, so there is Heidi Village in Maienfeld. Visitors can go to Heidi House and a small Heidi museum. Heidi house is a traditional farm house, and inside the house Heidi and Peter greet the visitors. At the table, Heidi and Peter are sitting and talking. In the attic, there is a window

where Heidi and Clara saw the bright stars. If you want to walk up the Alps just like Heidi did, you can take the Heidi Adventure Trail up to the Alps. You can see beautiful wildflowers and smell the fresh air. Now are you ready to meet Heidi?

하이디를 만나고 싶으신가요? 마이엔펠트라는 작은 마을에 가면, 하이디를 만날 수 있을지도 몰라요. 마이엔펠트는 스위스 동부에 있는 평화로운 작은 마을이랍니다. 또한 이곳은 〈하이디〉의 배경이기도 하구요. 〈하이디〉의 작가인 요한나 슈피리는 마이엔펠트에 오랫동안 머물면서 〈하이디〉를 완성했답니다. 〈하이디〉는 전세계적으로 유명하고 인기가 많은 이야기여서, 마이엔펠트에는 하이디 마을이 있어요. 방문객들은 하이디의 집과 자그마한 하이디 박물관을 구경할 수 있답니다. 하이디의 집은 전형적인 농가로, 집 안에 들어서면 하이디와 페터가 방문객들을 맞이해 준답니다. 테이블에는, 하이디와 페터가 앉아서 이야기를 나누고 있답니다. 다락방에는 하이디와 클라라가 밝은 별들을 바라봤던 창문도 있어요. 하이디처럼 알프스 산길을 걷고 싶다면, 하이디 모험길을 따라 알프스 산으로 올라 갈 수도 있어요. 그곳에서 아름다운 야생화들을 보고 신선한 공기를 마실 수도 있을 거예요. 이제 하이디를 만나러 갈 준비가 됐나요?

Heidi Returns

돌아온 하이디

Sebastian took Heidi to the Alps.

Heidi had a big bag full of gifts for everyone.

And she carried a basket of soft bread for Grannie.

At first Heidi came to Grannie's hut and said,

"Grannie! I'm home!"

"Is it really you, Heidi?" said Grannie.

"Have you come back to me?"

"Yes, I am really here," said Heidi.

"I am never going to leave you again."

Heidi took the bread from the basket. [1]

She put it on Grannie's hand.

"Ah, what a wonderful gift!" said Grannie. [2]

□ full of …로 가득 찬
□ gift 선물
□ carry 가져가다, 운반하다
□ a basket of 한 바구니의
□ at first 처음에, 우선
□ wonderful 멋진, 훌륭한

---

1 **take A from B** B에서 A를 꺼내다
Heidi took the bread from the basket. 하이디는 바구니에서 빵을 꺼냈다.

"I missed you so much, Heidi."

"I missed you too," said Heidi.

"Now I need to go home to Grandfather.

I will come again tomorrow. Good night."

---

2 **What a + 형용사(A) + 명사(B)!** 정말 A한 B이구나!
   What a wonderful gift! 정말 멋진 선물이구나!

Heidi walked on up the steep mountain path.

As she approached the hut, she saw her grandfather.

He was sitting outside, just like the first time she saw him.

Heidi ran to him and threw her arms around his neck. [1]

"Grandfather! Grandfather!" she cried. "I'm home!"

His eyes were wet with tears of happiness.

He could not believe Heidi had returned.

"My Heidi has returned," said Grandfather.

"I am so happy to see you again."

Suddenly they heard a whistle. It was Peter with the goats. He was surprised when he saw Heidi.

He ran to her and took her hand.

"I'm so glad you're back," he said.

Heidi went to bed that night with a happy heart.

She slept soundly for the first time in months.

☐ steep 가파른, 경사가 급한
☐ path 길
☐ approach …에 다가가다, 가까이 가다

☐ soundly 푹, 조용하게
☐ for the first time in months
　몇 달 만에 처음으로

---

1 **throw one's arms around** …을 두 팔로 얼싸안다
　Heidi ran to him and threw her arms around his neck.
　하이디는 달려가서 할아버지의 목을 두 팔로 얼싸안았다.

The next morning, Grandfather woke
Heidi up and told her to put on her best dress.
"We will go to church," he said.
They went to church in the village.
Grandfather decided to move to the village for the
coming winter. So Heidi could go to school.
The village people were surprised and happy to see
Heidi and her grandfather at church.
"He is so gentle and kind with the girl," they said.
"He is not a bad man at all."

□ wake ... up ···을 깨우다
□ put on (옷을) 입다
□ coming winter 돌아오는 겨울
□ seem + 형용사 ···하게 보이다

On the way home, Heidi said,

"You seem nicer and happier than before." ☀

"I'm glad I'm friends with God again,"

said Grandfather.

"I had forgotten Him for a long time.

I'm glad He sent you to me."

Mini-Less☀n

형용사의 비교급: 형용사 + -er / more + 형용사 (A) + than + 명사 (B)

'…보다 더 ~한' 이라는 뜻을 나타내기 위해서는 형용사에 er을 붙이고 뒤에
than을 쓰면 된답니다. 단 형용사가 3음절 이상인 경우에는 형용사 앞에 more를 넣어 주세요.

• You seem nicer and happier than before. 할아버지는 전보다 더 인자하고 행복해 보이세요.
• She is more beautiful than her sister. 그녀는 그녀의 언니보다 더 아름답다.

Months went by and Clara
thought of Heidi often.
She wanted to visit her,
but Dr. Classen thought
she was too weak.
Mr. Sesemann said that
Dr. Classen should go to
visit Heidi.

"It is a good idea," said Clara.

"You can take presents* to Heidi.

present에는 '선물'이라는 뜻 외에
'현재'라는 뜻도 있어요. 현재는 우리에게
주어진 선물이기 때문이에요.

And when you return, you can tell me all about
Heidi and her life in the mountain."

Dr. Classen went to the mountains.

Heidi was very excited to see him.

"I'm so happy that you are here!" said Heidi.

"Where are Clara and Mr. Sesemann?"

"Clara is not strong enough, so she couldn't come,"
said Dr. Classen.

"But she can travel when the weather is warmer."

Dr. Classen tasted fresh milk and cheese.

He thought that the mountain would be good for
Clara's health.

□ go by 지나가다, 흐르다
□ weak (몸이) 약한, 허약한
□ present 선물
□ excited 신난, 흥분한

□ enough 충분히
□ travel 여행하다
□ weather 날씨
□ taste 맛을 보다, 먹다

That winter, Grandfather and Heidi went to live in the village. Heidi went to school with Peter.

Peter did not like to go to school, so he could not read.

"You should go to school and learn to read," said Heidi.

□ alphabet 알파벳, 철자
□ a few 몇몇의, 몇 개의

□ parcel 소포, 꾸러미
□ each other 서로

1 **it is difficult for** …에게 어렵다
  It is too difficult for me. 이것은 나에게 너무 어려워.

"No, I can't do it," said Peter.

"It is too difficult for me." [1]

Heidi began to help him learn the alphabet.

Heidi was a good teacher.

Soon Peter could read a few words.

During the winter, Clara and Heidi often wrote

to each other. [2]

Sometimes, Clara and her grandmamma sent

parcels of books and cakes and other good things

to Heidi.

Heidi and Clara missed each other very much.

? 하이디와 할아버지가 마을로 내려간 때는?
  a. spring
  b. summer
  c. winter

---

2 **during** ⋯동안
   During the winter, Clara and Heidi often wrote to each other.
   겨울 동안, 클라라와 하이디는 서로 편지를 주고받았다.

Mini-Less☀n

send + A (사물) + to + B (사람) = send B A

'A를 B에게 보내다' 라는 문장을 쓰고 싶을 때에는 「send + A + to + B」를 사용하세요.
또 B(사람)를 앞으로 보내고 전치사 to 없이 바로 A(사물)를 쓸 수도 있답니다.

• Clara sent parcels of books and cakes to Heidi. 클라라는 하이디에게 책과 케이크를 보냈다.
• I will send my mom beautiful flowers. 나는 엄마에게 아름다운 꽃을 보낼 것이다.

Check-up Time!

● **WORDS**

빈 칸에 알맞은 단어를 골라 써 넣으세요.

steep	wet	strong	weak	soft

1 Clara is not _____ enough, so she couldn't come.

2 Grandfather's eyes were _____ with tears of happiness.

3 Heidi carried a basket of _____ bread for Grannie.

4 Heidi walked on up the _____ mountain path.

5 Dr. Classen thought Clara was too _____.

● **STRUCTURE**

괄호 안의 단어를 바르게 배열해 문장을 다시 쓰세요.

1 What (wonderful, gift, a)!

→ _____

2 It is (difficult, me, for, too).

→ _____

3 Clara sent (books, to, Heidi).

→ _____

ANSWERS

3. Clara sent books to Heidi.
Structure | 1. What a wonderful gift! 2. It is too difficult for me.
Words | 1. strong 2. wet 3. soft 4. steep 5. weak

문장의 앞 부분과 뒷 부분을 본문에 나오는 내용을 생각하며 연결하세요.

1 It was Peter   •   • a. fresh milk and cheese.

2 Dr. Classen tasted   •   • b. to learn the alphabet.

3 Peter was surprised •   • c. with the goats.

4 Heidi helped him   •   • d. when he saw Heidi.

● SUMMARY

빈 칸에 맞는 말을 보기에서 골라 넣어 이야기를 완성하세요.

Heidi returned to the Alps. She (   ) Grannie and her grandfather. They were (   ) and happy to see Heidi again. Grandfather decided to move to the (   ) for the winter, so she could go to school. One day, Dr. Classen came to (   ) Heidi.

a. visit

b. surprised

c. village

d. met

ANSWERS

A Miracle for Clara

클라라에게 일어난 기적

When spring came, Heidi got a letter from Clara.

"Clara and Grandmamma will visit me soon!"

cried Heidi.

She was very excited. But Peter was upset.

He did not want Heidi's friends to

visit her.

□ upset 화가 난, 속이 상한
□ give a cry of joy 기쁨의
　환호성을 지르다
□ loud (소리가) 큰, 시끄러운

□ push 밀다
□ behind …의 뒤에
□ on a horse 말을 타고
□ place 장소, 곳

One day in June, Heidi gave a loud cry
of joy.
"Grandfather!" she cried.
"Come here! Look!"
One man was pushing a wheelchair.
Clara was in it.
Another man carried her bags.
Grandmamma was behind them
on a horse.
Heidi ran outside and hugged Clara.
"Oh, Heidi! You live in a beautiful place!"
said Clara.
"I want to see the goats and do
everything with you!"

Grandfather served everyone fresh milk and cheese.

"How about letting Clara stay with us while you [1]
stay in the village?" said Grandfather.

Grandmamma thought that the mountains would
be good for Clara's health.

That night, Clara slept in the hay bed with Heidi.
For a long time, she looked out at the little window.
She was very happy to see all the bright stars in the
sky.

□ serve A B A에게 B를 대접하다
□ while …하는 동안에
□ look out at …을 바라보다

□ bright 밝은, 빛나는
□ go into the sun
햇볕이 비치는 곳으로 나가다

Next morning, Heidi and Clara woke up early.
Grandfather pushed Clara's chair and went into the
sun.
The bright sun was soft and warm on Clara's face. [2]
"Oh, Heidi, if only I could stay here forever with
you," she said.
Grandfather gave Clara a cup of goat's milk and
she drank all of it.
"I like goat's milk and I want to drink it every day,"
said Clara.

---

1 **How about ...ing?** … 하는 것이 어떠세요?
How about letting Clara stay with us while you stay in the village?
마을에 머무시는 동안 클라라를 우리와 함께 지내게 하는 것이 어떠세요?

2 **the sun is on one's face** … 의 얼굴에 햇살이 비치다
The bright sun was soft and warm on Clara's face.
클라라의 얼굴에 밝은 햇살이 부드럽고 따뜻하게 비쳤다.

Mini-Less☀n

if only : … 하기만 하면

'…하기만 하면 (좋을 텐데)' 라는 뜻으로 실제 일어나지 않은 일을 가정하여 강한 희망을
나타내고 싶을 때에는 「if only + 주어 + 과거형 동사」를 쓴답니다.

• If only I could stay here forever with you. 너와 함께 영원히 머무를 수 있다면 좋을 텐데.
• If only I had enough money to travel. 여행갈 충분한 돈이 있다면 좋을 텐데.

Soon, Peter arrived with the goats.

"Sorry, Peter, I can't come with you," said Heidi.

"I should stay with Clara while she is here."

Peter said nothing. But he frowned at Clara.

He wanted Clara to go away.

The girls spent the day sitting outside in the warm [1]
sun and talking.

One morning, Grandfather asked Clara if she could
stand. Her legs hurt very much, but she tried to.

After that, she tried to stand a little longer each day.

Heidi wanted to take Clara higher up the mountain.

"The view is so beautiful there," said Heidi.

"We can see many colorful flowers."

Grandfather promised to take Clara the next day.

☐ **frown at** …에 얼굴을 찡그리다,
　눈살을 찌푸리다
☐ **go away** 가버리다, 사라지다
☐ **in the warm sun** 따뜻한 햇살이
　비치는 곳에서

☐ **hurt** 아프다, 고통을 느끼다
☐ **view** 경치, 전망
☐ **promise to + 동사원형** …하기로
　약속하다

1　**spend + 시간 + …ing** …하면서 시간을 보내다
　The girls spent the day sitting outside in the warm sun.
　소녀들은 따뜻한 햇살이 비치는 밖에 앉아서 하루를 보냈다.

□ **empty** 텅 빈
□ **smash to pieces**
   산산조각이 나다
□ **blow ... away** ⋯을 날려
   보내다 (blow–blew–blown)
□ **roll down** 굴러가다
□ **hill** 언덕, 낮은 산
□ **broken** 부서진, 고장 난

The next morning, Peter came early to the hut.
He saw the empty wheelchair outside.
He pushed the wheelchair and it went down the mountain. Peter saw the wheelchair smash to pieces on the rocks.
Now Clara would have to leave.
Heidi would be his friend again.
Heidi and Grandfather with Clara in his arms came out of the house.
"The chair has gone, Grandfather," she said.
"The wind must have blown it away."
"If it rolled down the hill, it will be broken," said Grandfather.
"We can't go to the mountain," said Clara.
"I will have to go home if I have no chair."
"Don't worry. We will go up the mountain," said Grandfather.

Mini-Lesson

See p. 97

must have +과거분사형 동사 : …했음이 틀림없다

'…했음이 틀림없다, 틀림없이 …했을 것이다' 처럼 과거에 일어난 일에 대한 확신을 나타내고 싶다면, 「must + have + 과거분사형 동사」를 쓰면 된답니다.

- The wind must have blown it away. 그것은 바람에 날려갔음이 틀림없다.
- He must have run away. 그는 틀림없이 도망갔을 것이다.

When they reached the pasture, Peter was there
with the goats.

"Did you see the wheelchair?" asked Grandfather.

"No," said Peter.

Grandfather left them on the mountain and went
back home.

After lunch, Heidi wanted to show Clara
the beautiful flowers. [1]

"Peter and I can help you," said Heidi.

"Put your foot down firmly."

Heidi and Peter held Clara.

She put one foot on the ground and then another. [2]

"I can do it, Heidi!" she cried. "Look! I can walk!"

When Grandfather came back later, he was glad to
see Clara walking.

---

1 **show A B** A에게 B를 보여주다
   After lunch, Heidi wanted to show Clara the beautiful flowers.
   점심 식사 이후에, 하이디는 클라라에게 아름다운 꽃들을 보여주고 싶었다.

2 **one …, then another** 하나, 그리고 다른 하나
   She put one foot on the ground and then another.
   그녀는 땅에 한발을 딛고, 그리고 다른 한발을 딛었다.

Mini-Less❀n

see + 목적어(A) + …ing(B)

'A가 B하는 것을 보다' 라고 말하고 싶을 때에는, 「see + 목적어(A) + …ing(B)」를
쓰면 된답니다. A에는 사람이 오는 경우가 많습니다.

• He was glad to see Clara walking. 할아버지는 클라라가 걷는 것을 보고 기뻤다.
• I was sad to see my friends leaving. 나는 친구들이 떠나는 것을 보고 슬펐다.

Clara practiced walking.

Every day she walked a little further.

When Grandmamma came up the mountain,

she was surprised. Clara was walking.

Grandmamma began crying.

"Thank you! You have done so much,"

she said to Grandfather.

"Don't thank me! It's God's clean air and good

sun," said Grandfather.

"I should write Clara's father," said Grandmamma.

□ practice ...ing ···하는 것을 연습하다   □ fair 금발의, 피부가 흰
□ further 더 멀리   □ cheek 볼, 뺨
□ at once 즉시, 바로   □ miracle 기적, 경이

"I will tell him to come at once.

He will be very happy."

When Mr. Sesemann reached Grandfather's home,
he stopped in surprise. [1]

Heidi walked toward him. Beside her walked a tall
girl with fair hair and pink cheeks. It was Clara!

"How is it possible?" said Mr. Sesemann.

"Are you really my Clara? It's a miracle."

He thanked Grandfather and Heidi for helping Clara.

---

[1] in surprise 놀라서
He stopped in surprise. 그는 놀라서 멈춰 섰다.

Grandmamma saw Peter standing some distance away.

"Come along, boy," called Grandmamma. [1]

"Why are you hiding?"

"I did something wrong," said Peter. [2]

"I broke the chair."

Grandfather knew why Peter had broken the chair.

He could see that Peter was jealous of Clara. [3]

He explained everything to Grandmamma.

"We will not punish you,"

said Grandmamma softly.

"Clara had no wheelchair, so she learned to walk again. But what you did was wrong."

"I am sorry," said Peter.

□ distance 거리, 간격
□ hide 숨다, 감추다
　(hide-hid-hidden)
□ wrong 잘못된, 나쁜

□ break 부수다, 고장 내다
　(break-broke-broken)
□ explain A to B B에게 A를 설명하다
□ punish 벌주다, 처벌하다

1　come along 따라 오다, 함께 가다
　Come along, boy. 자, 따라 오렴.

2　something + 형용사 …한 일(것)
　I did something wrong. 전 잘못된 일을 했어요.

❓ 페터가 클라라의 휠체어를 부순 이유는?

  a. 휠체어가 마음에 안 들어서
  b. 클라라를 질투해서
  c. 클라라를 걷게 하려고   정답 b

3 **be jealous of** …을 질투하다, 시기하다

He could see that Peter was jealous of Clara.

할아버지는 페터가 클라라를 질투한다는 것을 알 수 있었다.

Later, Grandfather and Mr. Sesemann went for a walk.

"Is there any way I can repay you?" asked Mr. Sesemann.

"I am old," said Grandfather. "And I am worried about Heidi. When I die, she will be alone."

"Don't worry," said Mr. Sesemann. "She is like a daughter to me. I promise I will always take care of Heidi."

☐ go for a walk 산책을 가다
☐ way 방법, 길
☐ repay 보답하다, 갚다
☐ alone 혼자, 혼자의

☐ prepare to + 동사원형 …할 준비를 하다
☐ welcome 환영하다
☐ wave 손을 흔들다

whenever + 주어 + 동사 …가 ~할 때는 언제든지
You can come back to the mountain whenever you want.
네가 원할 때는 언제든지 산으로 돌아와도 좋아.

Next morning, Clara's family prepared to leave.
Clara was sad. She loved the mountains now
as much as Heidi did.
"You can come back to the mountain whenever
you want," said Heidi.
"You will always be welcome."
"I will miss you and the mountain so much,"
said Clara.
Heidi stood on the mountain and watched them
leave. She waved until they disappeared.

 Check-up Time!

● **WORDS**

알맞은 단어를 보기에서 골라 문장을 완성하세요.

| frowned | gave | smashed | served |

1 Heidi _____ a loud cry of joy.

2 Peter saw Clara and _____ at her.

3 The wheelchair _____ to pieces on the rocks.

4 Grandfather _____ everyone fresh milk and cheese.

● **STRUCTURE**

빈 칸에 알맞은 단어를 골라 문장을 완성하세요.

1 The wind must have blown it _____.

    a. down   b. away   c. behind   d. ahead

2 Peter was jealous _____ Clara.

    a. to   b. on   c. of   d. for

본문의 내용과 일치하면 T, 일치하지 않으면 F에 표시하세요.

1 Clara came to the mountain alone.　　　　　□T　□F

2 Heidi was jealous of Clara in the mountain.　　□T　□F

3 Peter pushed Clara's wheelchair and broke it.　□T　□F

4 Mr. Sesemann was happy to see Clara walking.　□T　□F

● SUMMARY

빈 칸에 맞는 말을 보기에서 골라 넣어 이야기를 완성하세요.

Clara and her grandmother arrived at the (　　) and met Heidi. They enjoyed (　　) time together. Clara grew strong and healthy. Every day Clara (　　) walking and finally she could walk. Clara's grandmother and father were really (　　) to see Clara walking.

a. spending

b. practiced

c. surprised

d. mountain

After the Story

Reading X-File 이야기가 있는 구문 독해

Listening X-File 공개 리스닝 비밀 파일

Story in Korean 우리 글로 다시 읽기

When Heidi woke up, she didn't know where she was.

깨어났을 때, 하이디는 자신이 어디에 있는지 알지 못했다.

★ ★ ★

할아버지와 평화롭게 살던 알프스를 떠나 프랑크푸르트에 온 하이디. 하이디는 도착한 다음날 아침 잠에서 깨어나 순간적으로 자신이 어디에 있는지 알지 못합니다. 이런 상황을 나타낸 위 문장에는 '…가 어디에 있는지'라는 뜻의 where+주어+be동사라는 표현이 사용되었는데요, 이 표현을 할아버지와 클라라의 대화를 통해 다시 한번 살펴 볼까요?

Grandfather

I don't know where Heidi is.
Did you see her?

하이디가 어디에 있는지 모르겠구나. 하이디를 봤니?

Clara

Yes, I saw Heidi near the mountain top with the goats.

네, 하이디가 산꼭대기 근처에 염소들과 함께 있는 것을 봤어요.

Everything has been much better since she came.

그녀가 온 뒤로 모든 것이 훨씬 좋아졌어요.

★　★　★

휠체어에 앉아 외롭게 지내던 클라라는 하이디가 오자 무척 기뻐합니다. 아버지가 출장에서 돌아와 하이디가 와서 좋은지 묻자 위와 같이 대답하죠. 이때 클라라는 have〔has〕+과거분사형 동사+since+주어+과거형 동사(…한 뒤로〔이래로〕~해지다)라는 문장을 써서 달라진 자신의 생활을 표현했답니다. 그럼 클라라와 하이디의 대화로 다시 살펴 볼까요?

Clara

Do you want to stay with
your grandfather in the Alps?

할아버지와 함께 알프스에 계속 머무르고 싶니?

Heidi

Of course. I have felt much happier
since I lived with him.

물론이야. 나는 할아버지와 함께 산 뒤로 훨씬 행복하거든.

He saw that Heidi was still fast asleep.

그는 하이디가 여전히 깊이 잠들어 있는 것을 보았다.

★　★　★

프랑크푸르트에서 할아버지와 페터, 그리고 산에 대한 그리움이 점점 커져 몽유병에 걸린 하이디. 위 문장은 제제만 씨가 몽유병에 걸린 하이디가 흰 옷을 입고 잠이 든 채 집안에서 돌아다니는 모습을 나타낸 문장인데요, '…가 ~한 것을 보았다' 라는 뜻으로 saw that + 주어 + 과거형 동사가 쓰였습니다. 주절에 과거형 시제 saw가 쓰였으므로 that절 이하도 과거형 동사 were를 써서 시제를 일치시켰어요. 페터와 클라라의 대화로 다시 한번 살펴 볼까요?

Peter

I want to give Heidi these beautiful flowers. Where is she?

하이디에게 예쁜 꽃을 주고 싶은데. 하이디는 어디에 있지?

Clara

I saw that Heidi was with her grandfather on the pasture.

하이디가 할아버지와 함께 초원에 있는 것을 봤어.

The wind must have blown it away.

그것은 바람에 날려갔음이 틀림없어요.

★ ★ ★

클라라가 알프스 산에 온 뒤로 하이디가 클라라와 많은 시간을 보내자 페터는 클라라를 질투합니다. 질투심을 이기지 못한 페터는 클라라의 휠체어를 언덕에서 밀어버리는 사고를 치는데요, 위 문장은 휠체어를 찾던 하이디가 한 말입니다. 이처럼 '…했음이 틀림없다' 라는 뜻으로 과거의 일에 대한 확신을 나타낼 때에는, must + have + 과거분사형 동사를 쓰면 된답니다. 할머니와 하이디의 대화로 다시 한번 살펴 볼까요?

Grandmother

Did you see my white bread, Heidi?
I can't find it anywhere.

내 흰 빵을 봤니, 하이디? 아무 데서도 찾을 수가 없구나.

Heidi

Oh, Peter must have eaten your bread.

이런, 페터가 할머니의 빵을 먹은 것이 틀림없어요.

01 알프스가 어디에요?

Alps의 a는 [아]가 아닌 [애]로 발음해 주세요.

Alps는 너무나 유명한 스위스의 산이죠? 하지만 그 발음
도 제대로 알려져 있을까요? 혹시 [알프스]로 발음하면 된
다고 알고 있다면 그건 착각! Alps의 a는 [아]가 아니라
[애]로 발음해야 돼요. 입을 가로 방향으로 힘을 주어 양
볼에 보조개가 생길 정도로 세게 당겨 주세요. 조금 어색
하더라도 입을 옆으로 크게 벌려서 발음해야만 정확한 a
발음을 할 수 있답니다. 자, 그럼 본문 16쪽에서 함께 살
펴볼까요?

One beautiful morning in June, a woman was
walking up a mountain in the (   ).
Her name was Dete.

Alps [알프스]라고 한다면 정말 토종 한국식
발음이 되겠죠? 입에 힘을 줘서 옆으로 강하게
벌려 [앨프스]라고 발음해 보세요.

어려운 th 발음, 함께 해 봐요~

anything의 th는 혀를 이 사이에 넣었다 빼면서 발음해 주세요.

th가 [θ]와 [ð] 두 가지로 발음된다는 것은 이미 알고 계시죠? anything의 경우 th는 [θ]로 발음된답니다. 하지만 이 발음은 한국어에는 없고 혀를 빠르게 이동시켜야 하기 때문에 상당히 까다로운 발음이랍니다. 정확한 발음을 위해서 이 사이에 혀를 살짝 넣었다가 빼면서 [ㅅ+띵] 정도로 발음해 주면 된답니다. 알프스 산에 도착한 하이디가 할아버지가 준 빵과 우유를 먹고 감탄하면서 하는 말에 이 단어가 등장하는데요, 20쪽에서 찾아볼까요?

"I have never tasted (   ) so good before,"
answered Heidi.

anything 혹시 [애니씽]이라고 발음하셨나요? 그렇다면 이제부터 [애니ㅅ+띵]으로 발음해 주세요. 윗니와 아랫니 사이에 혀를 걸쳐놓고 혀를 빠르게 움직이며 발음해야 합니다.

03 could의 d 발음은 어디로?

조동사 could의 d는 약하게 들려요.

----

could의 d가 잘 안 들린다구요? 그건 could와 같은 조동사의 d는 [쿠ㄷ] 정도로 스치듯 약하게 발음되기 때문이랍니다. would, should의 경우에도 마찬가지로 [우ㄷ], [슈ㄷ] 정도로 스치듯 약하게 발음된답니다. 조동사와 같이 문장의 전체적인 의미에 큰 영향을 주지 않는 단어는 빠르고 약하게 발음된다는 사실, 잊지 마세요! 그럼 본문 26쪽에서 함께 살펴볼까요?

A few days later, the snow finally stopped.
Grandfather said she (   ) go out.

could [쿠ㄷ]라고 [ㄷ] 발음을 정확하게 다 해주는 것이 아니라, [쿠ㄷ] 정도로 스쳐 지나가듯이 약하게 발음하고 있어요.

04 부드럽게 후랑크후르트~

어려운 f 발음, 아랫입술을 지긋이 물고 발음해 주세요.

쉽지 않은 f 발음, 어떻게 발음해야 할까요? 한국어에는 f 발음이 없기 때문에 정확히 발음하기가 어렵답니다. 정확한 f 발음을 위해서는 먼저 윗니를 아랫입술의 시작 부분에 살짝 얹어 주세요. 그 상태에서 바람을 훅 내뿜으면 됩니다. 윗니와 아랫니 사이로 바람이 스쳐가면서 자연스러운 f 발음이 만들어져요. 어렵게만 느껴졌던 f 발음, 이제 좀 쉽게 할 수 있겠죠? 본문 33쪽에서 확인해 볼까요?

"I found a wonderful place for Heidi in (   )," she said. "A little girl called Clara wants a friend."

Frankfurt f 발음이 한 단어에 두 번이나 나와서 발음하기 어렵다구요? 위에서 알려준 것처럼 아랫입술을 지긋이 물고 부드럽게 [후랑크후르트]라고 발음해 보세요.

1장 | 하이디, 할아버지를 만나다

p.16~17 어느 아름다운 6월의 아침, 한 여자가 알프스 산을 오르고 있었다. 그녀의 이름은 데테였다.

사랑스러운 여섯 살 소녀가 데테의 손을 잡고 있었다. 소녀는 무척 더워서, 볼이 빨갰다. 소녀는 데테의 뒤에서 가쁜 숨을 내쉬고 있었다. 소녀의 이름은 하이디였다.

하이디와 데테가 서둘러 산으로 가는 길에, 마을에 사는 여자를 만났다.

여자가 물었다. "데테, 이 애가 언니가 죽으면서 남긴 아이인가요? 어디에 가는 건가요?"

"맞아요, 언니의 딸이에요. 지금 저 애 할아버지에게 데려다 주는 길이에요. 전 프랑크푸르트에 일자리를 얻었거든요. 더 이상 저 애를 돌볼 수가 없어요."

"불쌍한 하이디. 마을 사람 모두가 그 까다로운 노인을 무서워하는데." 여자가 말했다.

p.18~19 하이디와 데테는 한 시간 정도 걸었다. 그들은 산 꼭대기 근처에 있는 할아버지의 오두막에 도착했다. 노인은 파이프 담배를 피우며 의자에 앉아 있었다.

"안녕하세요, 할아버지." 데테가 말했다.

노인은 놀라서 말했다. "이 아이는 누구냐?"

"할아버지 손녀 하이디예요. 엄마와 제가 이제까지 하이디를 돌봐왔어요. 이제 할아버지와 함께 살아야 해요."

"아니야, 그건 안 되지! 나는 어린 여자아이를 돌볼 수 없어!" 노인이 말했다.

"그러셔야 해요. 전 프랑크푸르트에 새로운 일자리를 얻었어요. 저 애를 데려갈 수는 없어요." 데테가 말했다.

할아버지는 자리에서 일어났다.

"가거라. 그리고 다시는 돌아오지 마." 할아버지가 소리쳤다.

데테는 하이디에게 작별인사를 하고 산을 내려갔다.

p.20~21 하이디는 집으로 들어가 안을 둘러보았다.

"저는 어디에서 자나요?" 하이디가 물었다.

"네 마음에 드는 곳에서 자거라." 할아버지가 말했다.

하이디는 할아버지의 침대 옆에 있는 사다리를 보았다. 하이디는 건초 다락방으로 올라갔다. 건초에서는 향긋하고 신선한 냄새가 났다. 그녀는 창문을 통해 멀리 아래에 펼쳐진 골짜기를 바라보았다.

"전 여기 위에서 잘게요, 할아버지. 너무 멋져요!" 하이디가 말했다.

"아래로 내려오거라. 저녁 먹을 시간이야. 나중에 잠자리를 마련해 주마." 할아버지가 말했다.

하이디는 서둘러 사다리를 타고 내려갔다.

할아버지는 하이디에게 진한 염소젖과 빵, 그리고 치즈를 주었다. 하이디는 그것을 모두 먹었다.

"맛있었니?" 할아버지가 물었다.

"이렇게 맛있는 건 처음 먹어봤어요." 하이디가 대답했다.

그날 밤, 하이디는 건초 침대에서 곤히 잠들었다.

p.22~23 다음날 이른 아침, 하이디는 휘파람 소리에 잠을 깼다. 하이디는 서둘러 옷을 갈아입고 사다리를 내려갔다. 한 소년이 염소 떼와 함께 문 밖에 서있었다.

"얘는 페터란다. 목동이지. 페터와 함께 산에 올라가 보겠니?" 할아버지가 말했다.

"네, 좋아요." 하이디가 대답했다.

"가자." 페터가 말했다.

하이디는 기분 좋게 산으로 출발했다. 하늘은 맑고 태양은 밝게 빛났다. 사방에서 꽃들이 자라고 있었다. 목초지에 도착하자, 염소들은 풀을 뜯었다.

하이디는 황금빛 태양과 맑은 공기, 향긋한 꽃 내음을 마음껏 들이마셨다. 하이디는 색색의 꽃들을 꺾으며 염소들과 놀았다. 하이디는 너무 행복해서 이곳에서 영원히 살았으면 좋겠다고 생각했다.

p.24~25 그날 밤, 하이디는 그날 있었던 일들을 할아버지에게 말했다.

"그래서 염소들과 노는 것이 재미있었니?" 할아버지가 말했다.

"네. 전 정말 염소들이 좋아요. 무척 즐거운 시간을 보냈어요."

하이디는 페터와 함께 매일 염소들을 돌보러 산에 올라갔다. 하이디는 점점 튼튼하고 건강해졌다. 곧 가을이 오고 겨울이 왔다. 눈이 많이 내렸다.

페터는 겨울에 학교에 다녔다. 어느 날, 페터가 오두막으로 찾아왔다.

"하이디, 우리 할머니가 너를 보고 싶어 하셔." 페터가 말했다.

하이디가 할아버지 쪽을 돌아보며 물었다. "페터네 집에 할머니를 만나러 가도 돼 나요?"

"오늘은 안 돼. 눈이 너무 많이 왔어."

p.26~27 며칠 후에, 마침내 눈이 그쳤다. 할아버지는 하이디에게 밖에 나가도 좋다고 말했다. 하이디와 할아버지는 썰매를 타고 산을 내려갔다. 그들은 페터의 작은 오두막집 앞에 멈춰 섰고 안으로 들어갔다. 한 할머니가 바느질을 하고 있었다.

"안녕하세요, 할머니." 하이디가 말했다.

할머니는 웃으며 하이디의 손을 잡았다. 할머니는 앞을 보지 못했다.

하이디는 할머니 주변에 책이 많이 있는 것을 보았다.

"페터가 할머니에게 책을 읽어 주나요?"

"아니란다. 페터는 학교에 다니지만 읽지 못해."

"저런, 안됐네요." 하이디가 말했다.

하이디는 그 해 겨울에 할머니와 많은 시간을 보냈다. 때때로 할아버지가 와서 집을 수리해 주었다.

2장 | 하이디, 프랑크푸르트에 가다

p.30~31 일 년이 지나고, 하이디의 두 번째 겨울이 거의 끝나가고 있었다.

어느 날, 마을의 목사가 할아버지를 찾아왔다.

"하이디가 학교에 가야 할 때가 된 것 같은데요." 목사가 말했다.

"아닙니다. 하이디는 염소와 새들 사이에서 행복하게 자랄 겁니다. 하이디는 여기에 있으면 안전해요."

"하이디는 읽지도 쓰지도 못해요. 하이디는 배워야 합니다."

"이 눈 속에 하이디를 산 아래에 있는 학교에 보내라구요? 난 그러지 않을 겁니다."

"그러면 겨울만이라도 마을로 내려오세요." 목사가 말했다.

"안 됩니다. 난 마을에서는 살 수 없어요." 할아버지가 단호하게 말했다.

할아버지는 마음을 바꾸지 않았다.

p.32~33 다음 날, 데테가 할아버지의 집에 다시 찾아왔다. 데테는 세련된 모자를 쓰고 새 드레스를 입고 있었다.

"프랑크푸르트에서 하이디가 지낼만한 좋은 곳을 찾았어요. 클라라라는 예쁜 소녀가 말동무를 찾고 있어요. 클라라는 아픈데다 걷지를 못해요."

"하이디는 여기에서 잘 지내고 있어. 필요한 건 여기에도 모두 있어." 할아버지가 말했다.

"하이디가 부유한 사람들과 살 수 있는 좋은 기회가 될 거예요. 그리고 하이디는 학교에도 갈 수 있어요."

"그렇다면 하이디를 데려가거라! 가거든 다시는 나타나지 마." 할아버지는 화가 나서 말했다.

그리고 할아버지는 오두막 밖으로 나갔다.

"이모가 할아버지를 화나게 만들었어요. 이모와 함께 가고 싶지 않아요."

"프랑크푸르트가 마음에 들지 않는다면, 언제든 돌아와도 돼. 프랑크푸르트는 그다지 멀지 않단다." 데테가 말했다.

p.34~35 하이디와 데테는 프랑크푸르트의 한 저택에 도착했다. 제제만 씨가 저택의 주인이었는데, 그는 출장 중이었다. 그의 아내는 몇 년 전에 죽었다. 가정부인 로텐마이어 부인이 제제만 씨와 그의 딸 클라라를 돌봤다.

클라라는 휠체어에 앉아 있었다. 그녀는 하이디가 방에 들어서자 미소를 지었다. 로텐마이어 부인은 하이디를 보고, "몇 살이니?"하고 물었다.

"전 여덟 살이에요."

"너무 어리구나. 클라라는 열두 살이야. 읽고 쓸 수 있니?"

"아니요." 하이디가 대답했다.

"너는 우리가 원하는 아이가 아니구나. 데테, 이 아이를 집으로 다시 데려가세요." 로텐마이어 부인이 말했다.

"한번만 기회를 주세요. 제가 나중에 어떻게 지내는지 보러 올게요." 데테는 이렇게 말하고 떠났다.

p.36~37 "하이디, 우리와 함께 지내야겠구나." 로텐마이어 부인이 말했다.

"와줘서 고마워, 하이디. 우린 좋은 친구가 될 수 있을 거야." 클라라가 말했다.

저녁 식탁에서, 하이디는 갓 구운 빵을 보고 페터네 할머니를 생각했다. 할머니는 부드러운 흰 빵을 좋아했다.

"세바스찬 아저씨, 이 빵을 가져도 돼요?" 하이디가 물었다.

하인 세바스찬이 하이디에게 빵을 가져도 된다고 말했다. 하지만 로텐마이어 부인은 화를 냈다. 그녀는 하이디에게 식사 중에는 절대로 하인에게 말을 해서는 안 된다고 말했다.

로텐마이어 부인은 하이디에게 식사 예절에 대해 한참 동안 잔소리를 늘어 놓았다. 하지만 하이디는 긴 여행으로 피곤한 나머지 잠이 들었다.

p.38~39 하이디가 잠에서 깨어났을 때, 자기가 어디에 있는지 몰랐다. 그러다가 자신이 프랑크푸르트에 있다는 것이 기억났다.

그녀는 집을 둘러 보다가 서재로 들어갔다. 클라라가 소파에 누워 있었다. 그녀는 하이디에게 하이디가 살던 집에 관한 질문들을 하기 시작했다. 하이디는 클라라에게 산속에서의 생활에 대해 모두 말했다.

곧, 가정교사가 도착했다. 로텐마이어 부인은 그에게 하이디가 읽고 쓰지 못한다고 말했다. 가정교사는 자신이 하이디를 가르치겠다고 말했다.

p.40~41 며칠 뒤, 하이디는 바깥이 보고 싶어졌다. 그래서 세바스찬에게 창문을 열어달라고 부탁했다.

"산이나 골짜기가 안 보여요!"

"교회 탑에서는 보일지도 몰라요." 세바스찬이 말했다.

하이디는 밖으로 나가서 교회 탑 꼭대기로 올라갔다.

그녀는 창문에서 아래를 내려다 보았다. 그곳에도 산이나 나무가 없었다.

"건물들만 보여요." 하이디가 슬프게 말했다.

교회 관리인은 하이디가 실망한 것을 보았다. 그래서 하이디에게 작은 새끼 고양이들이 담긴 커다란 바구니를 보여 주었다.

"오, 작고 귀여워라!" 하이디가 말했다.

"한 마리 가지고 싶니?" 교회 관리인이 말했다.

"네, 두 마리를 가져도 돼요? 한 마리는 제가 갖고 다른 한 마리는 클라라에게 주려고요."

그녀는 새끼 고양이 두 마리를 집어서 양쪽 주머니에 한 마리씩 넣었다.

p.42~43 하이디는 클라라의 집으로 돌아갔다. 세바스찬이 문을 열어 주었다.

"어서 식당으로 가보세요. 로텐마이어 부인이 매우 화가 나셨어요."

하이디는 식당으로 들어갔다. 로텐마이어 부인은 집을 나간 것 때문에 하이디를 꾸짖었다.

그때 새끼 고양이들이 울음소리를 내기 시작했다. "야옹, 야옹."

"그런 소리를 그만 내거라. 넌 정말 무례하구나. 방에서 나가." 로텐마이어 부인이 말했다. 하이디가 일어섰다.

"야옹, 야옹." 고양이들이 울었다.

"하이디, 왜 계속 고양이 울음소리를 내는 거니?" 클라라가 말했다.

"내가 아니라, 고양이들이야."

"고양이들이라고! 세바스찬! 고양이들을 찾아서 치워버려요!" 로텐마이어 부인이 말했다.

그녀는 방에서 뛰어 나갔다. 그녀는 고양이를 싫어했다.

"세바스찬 아저씨, 저희를 좀 도와주세요. 저희는 고양이들을 키우고 싶어요."

"제가 바구니에 고양이를 위한 잠자리를 만들게요. 그리고 바구니를 안전한 곳에 둘게요. 로텐마이어 부인은 절대 찾지 못할 거예요."

3장 | 향수병에 걸린 하이디

p.46~47 제제만 씨가 출장에서 돌아왔다. 그는 클라라의 방에 가서 클라라와 포옹했다. 그리고 하이디에게 악수를 청했다.

"네가 하이디구나. 클라라와 좋은 친구가 되었니?" 제제만 씨가 친절하게 물었다.

"네, 우리는 정말 좋은 친구예요."

"그 말을 들으니 기쁘구나." 제제만 씨는 말했다.

제제만 씨는 클라라가 하이디를 무척 좋아한다는 것을 알 수 있었다.

하지만 로텐마이어 부인의 이야기는 달랐다. 그녀는 하이디에 대해 나쁜 이야기들을 늘어놓았다.

"하이디는 제대로 된 행동을 하지 않아요. 그리고 좋은 학생도 아니에요. 이곳에서 문제만 일으키고 있어요. 하이디를 돌려보내야 해요."

p.48~49   제제만 씨는 클라라의 방으로 다시 갔다.

"하이디에 대해서 말해보렴."

클라라는 고양이와 다른 일들에 대해 이야기를 했다.

"하지만 너는 하이디를 좋아하는 거지?"

"전 하이디를 사랑해요. 하이디가 온 뒤로 모든 것이 훨씬 좋아졌어요." 클라라가 말했다.

제제만 씨는 로텐마이어 부인에게 가서 하이디가 계속 머물 것이라고 말했다.

제제만 씨는 며칠 뒤에 다시 출장을 떠났다. 하지만 그의 어머니인 제제만 할머니가 찾아왔다. 클라라는 할머니를 보고 무척 기뻐했다. 제제만 할머니는 하이디에게 친절했고, 자신을 할머니라고 부르라고 말했다.

p.50~51   어느 날, 할머니가 하이디에게 아름다운 그림들이 있는 책을 보여 주었다. 하이디는 책의 그림들을 보았다. 그림에서는 푸른 목초지에서 동물들이 풀을 뜯고 있었고, 양치기가 동물들을 돌보고 있었다. 하이디는 울기 시작했다.

"울지 마라, 아가야. 이 책을 보고 집 생각이 났구나. 이 책을 읽을 수 있니?"

"아니요. 저는 글을 못 읽어요. 글 읽기는 너무 어려워요."

"아니란다, 넌 할 수 있어. 읽는 것을 배우면, 내가 너에게 이 책을 주마." 할머니가 친절하게 말했다.

하이디는 그 책을 갖고 싶었다. 그날부터, 하이디는 열심히 읽기 연습을 했다.

p.52~53   일주일이 지나자, 하이디는 읽을 수 있게 되었다. 할머니는 하이디에게 기쁜 마음으로 책을 주었다. 하지만 하이디는 행복하지 않았다. 클라라와 할머니를 좋아했지만, 항상 집 생각이 간절했다.

밤에는 할아버지와 산에 관한 꿈을 꿨다. 하이디는 페터와 염소들과 함께 신선한 산 공기를 마시며 놀고 싶었다. 매일 밤 하이디는 울다가 잠들었다. 하이디는 집이 무척 그리웠다.

할머니는 하이디가 슬퍼하는 것을 보았다.

"무슨 일이니, 하이디?" 어느 날 할머니가 물었다.

"아무에게도 말할 수 없어요."

"그렇다면 하느님께 기도를 해보렴. 하느님께 네가 왜 슬픈지 말씀드려. 하느님이 너를 다시 행복하게 만들어 주실 거야."

"하느님께 모든 걸 말해도 돼요?" 하이디가 말했다.

"그렇단다."

그날 밤, 하이디는 기도를 했다. 하느님께 할아버지가 계신 집으로 돌아가게 해달라고 기도했다. 그 후, 한동안 하이디는 예전보다 행복해졌다.

p.54~55 하지만 할머니가 떠나야 할 시간이 되었다. 할머니가 떠나고, 이상한 일이 일어나기 시작했다. 세바스찬은 매일 저녁 현관문을 꼭 잠갔다. 그러나 아침에 문이 항상 열려 있었다. 한 하인이 밤에 계단에서 흰 옷을 입은 물체를 봤다고 세바스찬에게 말했다.

어느 날 밤, 세바스찬이 자지 않고 깨어 있었다. 집은 어두웠다. 그때 무언가 소리를 들었다. 세바스찬이 현관문을 바라보니 문이 열려 있었다. 층계를 올라오는 하얀 물체가 보였다. 그것은 유령처럼 보였다.

그는 로텐마이어 부인에게 집에 유령이 있다고 말했다. 로텐마이어 부인은 클라라에게 유령에 대해서 말했다. 클라라는 매우 두려워졌다.

로텐마이어 부인은 제제만 씨에게 보내는 편지에 유령 얘기를 썼다.

p.56~57 이틀 후, 제제만 씨가 집에 왔다. 그날 밤, 제제만 씨는 친구인 클라센 박사와 함께 현관문을 지켜보았다. 자정이 지나자, 흰옷을 입은 작은 사람이 나타났다. 그것은 하이디였다!

"무엇을 하는 거니?" 제제만 씨가 놀라서 물었다.

"저도 모르겠어요." 하이디가 대답했다.

클라센 박사는 그녀에게 다가갔다. 하이디가 여전히 잠들어 있는 것을 보았다.

"하이디는 몽유병에 걸렸어. 심한 향수병에 걸린 것 같네." 클라센 박사가 말했다.

다음날 아침, 제제만 씨는 하이디를 집에 보내기로 결정했다.

"하이디가 무척 아프단다. 하이디는 당장 집으로 가야 한다."

클라라는 무척 슬펐지만, 아버지는 클라라가 곧 하이디를 방문할 수 있을 거라고 약속했다.

"너는 오늘 집으로 돌아갈 거야." 제제만 씨가 하이디에게 말했다.

"집에 돌아간다니 정말 기뻐요!" 하이디가 말했다.

4장 | 돌아온 하이디

p.62~63　세바스찬은 하이디를 알프스에 데려다 주었다. 하이디는 모두에게 줄 선물이 가득 담긴 큰 가방을 들고 있었다. 그리고 할머니를 위한 부드러운 빵이 담긴 바구니도 있었다.

먼저 하이디는 할머니의 오두막집으로 갔다.

"할머니! 제가 돌아왔어요!"

"네가 정말 하이디니? 정말 돌아온 거니?" 할머니가 말했다.

"네, 정말 돌아왔어요. 다시는 할머니 곁을 떠나지 않을게요."

하이디는 바구니에서 빵을 꺼내 할머니의 손에 놓았다.

"오, 정말 훌륭한 선물이구나! 네가 정말 보고 싶었단다, 하이디."

"저도 정말 할머니가 보고 싶었어요. 이제 할아버지에게 가봐야 해요. 내일 다시 올게요. 안녕히 계세요."

p.64~65　하이디는 가파른 산길을 걸어 올라갔다. 오두막에 다다르자, 할아버지가 보였다. 할아버지는 하이디가 할아버지를 처음 봤을 때처럼, 밖에 앉아 있었다. 하이디는 할아버지에게 달려가서 두 팔로 할아버지의 목을 얼싸안았다.

"할아버지! 할아버지! 제가 돌아왔어요!"

할아버지의 눈가가 기쁨의 눈물로 젖었다. 할아버지는 하이디가 돌아왔다는 것을 믿을 수가 없었다.

"하이디가 돌아오다니. 다시 너를 보게 되어 정말 기쁘구나."

갑자기 휘파람 소리가 들려왔다. 페터가 염소들과 함께 나타났다. 페터는 하이디를 보고 깜짝 놀랐다. 페터는 달려가서 하이디의 손을 잡았다.

"네가 돌아와서 정말 기뻐."

하이디는 그날 밤 즐거운 마음으로 잠자리에 들었다. 하이디는 몇 달 만에 처음으로 곤히 잠들었다.

`p.66~67` 다음날 아침, 할아버지는 하이디를 깨워서 제일 좋은 옷을 입으라고 말했다.

"우린 교회에 갈 거란다."

그들은 마을에 있는 교회에 갔다. 할아버지는 다가오는 겨울에 마을로 이사를 가기로 결정했다. 그래서 하이디가 학교에 다닐 수 있도록 했다. 마을 사람들은 하이디와 할아버지가 교회에 온 것을 보고 놀라고 기뻐했다.

"할아버지가 하이디에게 자상하고 친절하시네. 전혀 나쁜 분이 아니었어." 마을 사람들이 말했다.

집으로 오는 길에 하이디가 말했다. "할아버지는 전보다 더 기분이 좋고 행복해 보이세요."

"내가 하느님과 이렇게 다시 친구가 돼서 기쁘구나. 오랫동안 하느님을 잊고 살았는데. 하느님이 나에게 너를 보내주셔서 기쁘구나."

`p.68~69` 몇 달이 지나고, 클라라는 가끔 하이디 생각을 했다. 클라라는 하이디를 만나러 가고 싶었지만, 클라센 박사는 클라라의 몸이 너무 약하다고 생각했다.

제제만 씨는 클라센 박사에게 하이디를 방문해 보라고 말했다.

"좋은 생각이에요. 박사님이 하이디에게 선물을 갖다 주실 수 있을 거예요. 그리고 박사님이 돌아오시면, 산에서 지내는 하이디의 생활에 대해 모두 말씀해 주실 수 있잖아요." 클라라가 말했다.

클라센 박사는 산으로 떠났다. 하이디는 그를 보고 무척 기뻐했다.

"박사님이 이곳에 와주셔서 정말 기뻐요! 클라라와 제제만 씨는 어디에 계세요?"

"클라라는 몸이 건강하지 못해서 올 수가 없었단다. 하지만 날씨가 좀 더 따뜻해지면 올 수 있을 거야." 클라센 박사가 말했다.

클라센 박사는 신선한 염소젖과 치즈를 맛보았다. 클라센 박사는 산이 클라라의 건강에 좋을 거라는 생각이 들었다.

`p.70~71` 그 해 겨울, 할아버지와 하이디는 마을로 이사를 갔다. 하이디는 페터와 함께 학교에 갔다. 페터는 학교에 가는 것을 좋아하지 않았고 글을 읽지 못했다.

"넌 학교에 가서 읽는 것을 배워야 해."

"싫어, 난 못 해. 그건 내게 너무 어려워."

하이디는 페터가 알파벳을 익힐 수 있도록 도와주었다. 하이디는 좋은 선생님이었다. 곧 페터는 단어 몇 개를 읽기 시작했다.

겨울 동안, 클라라와 하이디는 서로 편지를 주고 받았다. 때때로, 클라라와 클라라의 할머니는 하이디에게 책과 케이크, 그리고 다른 좋은 물건들을 소포로 보내 주었다. 하이디와 클라라는 서로를 무척 그리워했다.

5장 │ 클라라에게 일어난 기적

p.74~75 봄이 오자, 하이디는 클라라에게 편지 한 통을 받았다.

"클라라와 할머니가 여기에 온대요!" 하이디가 외쳤다.

하이디는 무척 흥분했다. 하지만 페터는 화가 났다. 그는 하이디의 친구가 방문하는 것이 달갑지 않았다.

6월의 어느 날, 하이디는 기쁨의 환호성을 질렀다.

"할아버지! 이리와 보세요!"

한 남자가 휠체어를 밀고 있었다. 휠체어에는 클라라가 타고 있었다. 다른 남자는 짐을 운반하고 있었다. 할머니는 말을 타고 그들 뒤를 따랐다.

하이디는 밖으로 달려나가 클라라를 안았다.

"오, 하이디! 네가 사는 곳은 정말 아름답구나! 염소도 보고 싶고 너와 모든 것을 함께 하고 싶어!"

p.76~77 할아버지는 모두에게 신선한 염소젖과 치즈를 대접했다.

"마을에 머무시는 동안 클라라가 여기서 우리와 함께 있도록 하는 게 어떻겠습니까?" 할아버지가 말했다.

할머니는 산이 클라라의 건강에 좋을 것이라고 생각했다. 그날 밤, 클라라는 하이디와 함께 건초 침대에 누웠다.

오랫동안, 클라라는 작은 창문을 바라보았다. 하늘에 떠 있는 밝은 별들을 볼 수 있어서 무척 행복했다.

다음날 아침, 하이디와 클라라는 일찍 일어났다. 할아버지는 클라라의 휠체어를 밀고 햇살이 비치는 곳으로 갔다. 밝은 햇살이 부드럽고 따뜻하게 클라라의 얼굴에 드리워졌다.

"오, 하이디, 너와 함께 영원히 이곳에 머물 수 있다면 좋을 텐데."

할아버지가 클라라에게 염소젖 한 잔을 주자, 클라라는 그것을 모두 마셨다.

"전 염소젖이 좋아요. 매일 마시고 싶어요." 클라라가 말했다.

p.78~79 곧 페터가 염소들을 데리고 도착했다.

"미안해, 페터. 너와 함께 갈 수 없어. 클라라가 여기에 머무는 동안 클라라와 함께 있어야 해." 하이디가 말했다.

페터는 아무 말도 하지 않았다. 하지만 페터는 클라라를 보고 인상을 찡그렸다. 페터는 클라라가 가버리기를 바랐다. 하이디와 클라라는 따사로운 햇살 아래에서 이야기를 나누며 시간을 보냈다.

어느 날 아침, 할아버지가 클라라에게 일어설 수 있는지 물었다. 클라라는 다리가 아팠지만, 일어설 수 있도록 노력했다. 그날 이후 매일 조금씩 더 오랫동안 일어서 있는 연습을 했다. 하이디는 클라라를 더 높은 산 위로 데려가고 싶었다.

"그곳의 경치는 정말 아름다워. 알록달록한 꽃들을 많이 볼 수 있어."

할아버지가 다음날 클라라를 그곳에 데려가기로 약속했다.

p.80~81 다음날 아침, 페터가 오두막에 왔다. 그는 밖에 놓인 텅 빈 휠체어를 보았다. 그는 휠체어를 밀어서 산 아래로 굴러 떨어지게 했다. 페터는 휠체어가 바위에 부딪혀 산산조각이 나는 것을 보았다. 이제 클라라는 떠나야 할 것이고, 하이디는 다시 페터의 친구가 될 것이다.

하이디와 클라라를 팔에 든 할아버지가 집 밖으로 나왔다.

"할아버지, 휠체어가 사라졌어요. 바람에 날려 갔나 봐요." 하이디가 말했다.

"만약 휠체어가 언덕에서 굴러 떨어졌다면, 망가졌을 거야." 할아버지가 말했다.

"이제 산에 갈 수 없어. 휠체어가 없다면 난 집에 가야 할거야." 클라라가 말했다.

"걱정하지 말거라. 우리는 산에 갈 거란다." 할아버지가 말했다.

p.82~83 그들이 목초지에 도착했을 때, 페터는 염소들과 이미 그곳에 있었다.

"휠체어를 봤니?" 할아버지가 물었다.

"아니요." 페터가 대답했다.

할아버지는 그들을 산에 두고 집으로 돌아왔다. 점심 식사 후, 하이디는 클라라에게

아름다운 꽃들을 보여주고 싶었다.

"페터와 내가 도와줄게. 땅에 발을 단단히 디뎌 봐."

하이디와 페터는 클라라를 부축했다. 클라라는 한 발을 땅에 딛고 또 다른 한발을 디뎠다.

"하이디, 할 수 있어! 봐! 내가 걸을 수 있어!" 클라라가 외쳤다.

할아버지가 나중에 돌아왔을 때, 클라라가 걷는 것을 보고 기뻐했다.

p.84~85 클라라는 걷는 연습을 했다. 매일 그녀는 조금씩 더 많이 걸었다. 할머니가 산에 왔을 때, 그녀는 놀랐다. 클라라가 걷고 있었다. 할머니는 눈물을 흘리기 시작했다.

"감사합니다! 정말 대단한 일을 하셨어요." 할머니가 할아버지에게 말했다.

"저한테 감사하실 필요는 없습니다. 하느님이 주신 맑은 공기와 햇살 덕택이에요."

"클라라의 아버지에게 편지를 써야겠어요. 즉시 오라고 말해야겠어요. 무척 기뻐할 겁니다."

제제만 씨가 할아버지의 집에 도착하자, 그는 놀라서 멈춰 섰다. 하이디가 그를 향해 걸어왔다. 하이디의 옆에는 금발머리에 분홍빛 뺨을 한 키가 큰 소녀가 걸어오고 있었다. 바로 클라라였다!

"어떻게 이런 일이! 네가 정말 클라라니? 이것은 기적이구나."

제제만 씨는 클라라를 도와준 것에 대해 할아버지와 하이디에게 감사 인사를 했다.

p.86~87 할머니는 조금 떨어진 곳에 서 있는 페터를 보았다.

"애야, 이리 오렴. 왜 숨어 있니?" 할머니가 물었다.

"전 잘못을 저질렀어요. 제가 휠체어를 망가뜨렸어요." 페터가 말했다.

할아버지는 페터가 휠체어를 망가뜨린 이유를 알고 있었다.

할아버지는 페터가 클라라를 질투한다는 것을 알고 있었다. 그는 할머니에게 모든 것을 설명했다.

"우리는 너에게 벌을 주지 않을 거야. 클라라는 휠체어가 없어지는 바람에, 걷는 연습을 하게 되었단다. 하지만 네가 한 일은 잘못된 거야." 할머니가 부드럽게 말했다.

"죄송해요." 페터가 말했다.

p.88~89 나중에 제제만 씨는 할아버지와 산책을 갔다.

"제가 어르신께 보답할 수 있는 방법이 있을까요?" 제제만 씨가 물었다.

"나는 나이가 많아요. 그래서 하이디가 걱정돼요. 내가 죽고 나면, 하이디는 혼자 남을 겁니다."

"걱정하지 마세요. 하이디는 제게 딸이나 마찬가지입니다.

제가 항상 하이디를 돌봐주겠다고 약속드릴게요."

다음날 아침, 클라라의 가족이 떠날 채비를 했다.

클라라는 슬펐다. 이제 클라라는 하이디 만큼이나 산을 좋아했다.

"네가 원하면 언제든지 산에 와도 좋아. 넌 언제나 환영이야." 하이디가 말했다.

"너와 산이 무척 그리울 거야."

하이디는 언덕에 서서 그들이 떠나는 것을 지켜보았다.

하이디는 그들이 보이지 않을 때까지 손을 흔들었다.